Kristina Nellißen

E-Learning: Begriff, Konzepte und Systeme

GRIN - Verlag für akademische Texte

Der GRIN Verlag mit Sitz in München hat sich seit der Gründung im Jahr 1998 auf die Veröffentlichung akademischer Texte spezialisiert.

Die Verlagswebseite www.grin.com ist für Studenten, Hochschullehrer und andere Akademiker die ideale Plattform, ihre Fachtexte, Studienarbeiten, Abschlussarbeiten oder Dissertationen einem breiten Publikum zu präsentieren.

Dokument Nr. V89319 aus dem GRIN Verlagsprogramm

Kristina Nellißen

E-Learning: Begriff, Konzepte und Systeme

GRIN Verlag

Bibliografische Information der Deutschen Nationalbibliothek: Die Deutsche Bibliothek
verzeichnet diese Publikation in der Deutschen Nationalbibliografie; detaillierte bibliografische Daten sind im Internet über http://dnb.d-nb.de/ abrufbar.

1. Auflage 2007
Copyright © 2007 GRIN Verlag
http://www.grin.com/
Druck und Bindung: Books on Demand GmbH, Norderstedt Germany
ISBN 978-3-638-92731-4

FernUniversität in Hagen

Fachbereich Wirtschaftswissenschaften
Lehrstuhl für Wirtschaftsinformatik

Seminararbeit zum Thema
E-Learning: Begriff, Konzepte und Systeme

Seminar: Ausgewählte Aspekte des Electronic Business
Name: Kristina Nellißen

Inhaltsverzeichnis:

Abbildungsverzeichnis:

Tabellenverzeichnis:

1 Einleitung

Das E-Learning erlebte seinen ersten Aufschwung durch die immer weitere Verbreitung des Internets Ende der 90er Jahre des 20. Jahrhunderts. Damals wurde dem E-Learning eine bedeutende Zukunft prognostiziert, welche bislang im vorhergesagten Umfang nicht eingetreten ist. Dennoch erwarten einige Unternehmensberatungen gemäß RIEKHOF, SCHÜLE (vgl. 2002, S. 5) nach wie vor ein extrem hohes Wachstum dieses Marktes und sehen bislang keinen Anlass, ihre Zahlen zu korrigieren. Etwa die Beratungsgesellschaft KPMG sagte 2001 eine Einsatzbereitschaft in Unternehmen für E-Learningsysteme von ca. 75 Prozent voraus [KRÖPELIN, SPECHT 2002, S. 30].

E-Learning verfügt über viele mögliche Einsatzgebiete. So wird es derzeit zum Beispiel an Schulen, Hochschulen, in der Weiterbildung, in Unternehmen und der öffentlichen Verwaltung eingesetzt. Die Anforderungen an die inhaltliche und didaktische Ausrichtung des E-Learning unterscheiden sich zwischen diesen Bereichen wenig, weshalb die, in vorliegender Seminararbeit, für den Einsatz des E-Learning im Unternehmen getroffenen Aussagen gleichermaßen auf den Einsatz in anderen Bereichen, etwa Hochschulen, übertragen werden können.

Diese Arbeit soll dazu dienen, zunächst eine kurze Begriffsdiskussion der E-Education zu führen. Hiernach wird auf die beiden gängigsten Technologien -das Computer Based Training und das Web Based Training- im Bereich des E-Learning eingegangen. Nachfolgend werden verschiedene didaktische Aspekte dargelegt. Die klassischen Lernparadigmen des Behaviorismus, des Kognitivismus und des Konstruktivismus werden erläutert, bevor die Frage diskutiert wird, ob diese Lernparadigmen für die didaktischen Ansprüche des E-Learning ausreichen oder eine eigne E-Learningdidaktik erforderlich ist. Anschließend erfolgt eine Erörterung zunächst der Potentiale und weiterhin möglicher Problemfelder des E-Learning.

Grundlegende Aufgabe der folgenden Seminararbeit ist es, verschiedene E-Learningsysteme darzustellen und zu diskutieren. Wobei zunächst auf die Anforderungen an E-Learningsysteme eingegangen wird, bevor Learning Management Systeme, Autorensysteme und Content Management Systeme vorgestellt werden. Ein Praxisbeispiel, welches das E-Learning-Konzept der Firma BASF vorstellt, soll der Veranschaulichung dieser theoretischen Diskussion dienen.

1.1 E-Education

E-Education impliziert E-Learning und E-Teaching. In der Literatur gibt es etliche Definitionen des Begriffs E-Learning. BAUMGARTNER versteht unter E-Learning „softwareunterstütztes Lernen, unabhängig von der verwendeten Plattform" [BAUMGARTNER, HÄFELE, MAIER-HÄFELE 2002, S. 15]. Dieser weitläufigen Definition des Begriffs E-Learning wird in der vorliegenden Arbeit gefolgt. So wird verhindert, dass künftige, bisher nicht absehbare Entwicklungen des E-Learning per Definition ausgeschlossen sind. Unter dem Begriff des E-Learning wird demnach sowohl das Lernen mit lokal installierter Software, als auch das Lernen über das Internet verstanden. Tragbare W-LAN- und Mobilfunkkomponenten, wie beispielsweise Personal Digital Assistants (PDAs), Subnotebooks oder Blackberrys -allesamt Instrumente des Mobile-Learning- werden ebenfalls in diese Definition mit eingeschlossen. Es muss also nicht zwingend der Computer sein, der im Mittelpunkt dieser Lernform steht. Es ist vielmehr die entsprechende Software.

E-Learning wird im Rahmen des Blended Learning häufig in Kombination mit der Präsenzlehre gesehen. Das Blended Learning, oder vermischte beziehungsweise hybride Lernen verbindet die Effektivität und Flexibilität von elektronischen Lernformen mit den sozialen Aspekten, der Möglichkeit zur Entwicklung von Lernnetzwerken. Es bezeichnet eine Lernform, in welcher die Lernphasen aus Präsenzlehre und E-Learning zusammengesetzt sind.

Das reine E-Learning wird dem Distant Learning, dem Fernlernen zugerechnet, unter welches zudem die klassische Fernlehre, also das papiergestützte Fernlernen fällt.

Eine Veranschaulichung der Begriffe des Lernens gibt folgende Darstellung:

Abbildung 1: Begriffe des Lernens

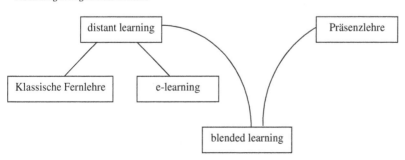

Quelle: STRANGMEIER (vgl. 2003, S. 133)

Während E-Learning das Lernen mit digitalen Medien betont, zielt der Begriff E-Teaching auf die Lehre und die Perspektive der Lehrenden ab [E-TEACHING 2007]. Der Begriff des E-Teaching ist wenig geläufig. Er wird häufig unter den Begriff des E-Learning subsumiert. Dennoch bleibt festzuhalten, dass E-Learning auf der anderen Seite auch das E-Teaching benötigt, um sich zur vollständigen E-Education zu entwickeln. E-Education bezieht, wie ausgeführt, das Lehren mit ein, erweitert aber auch den Begriff des Lernens erheblich. So versteht die E-Education das Element E-Learning nicht bloß als zielgerichteten Vorgang mit der Absicht, definierte Wissenselemente zu erlangen. Das Verständnis des Lernens im Rahmen der E-Education zielt mehr auf die Bildung ab. Bildung wird nach MEYERS (vgl. 2007) als „die Formung des Menschen im Hinblick auf seine geistigen, seelischen, kulturellen und sozialen Fähigkeiten" definiert. Diese Anschauung des E-Learning geht also weit über das klassische Verständnis des E-Learning hinaus.

1.2 Technologien

Hauptsächlich werden zwei Arten des E-Learning unterschieden. Zum einen das Computer Based Training (CBT), welches zunehmend vom Web Based Training (WBT) abgelöst wird.

Beim CBT werden die Lerninhalte den Lernenden meist mittels einer CD ROM zur Verfügung gestellt. Die Lerninhalte werden dann entweder von der CD aufgerufen oder lokal auf dem PC des Lernenden installiert, was Übertragungsproblemen bei größeren Datenmengen - etwa durch Animationen - vorbeugt [RIEKHOF, SCHÜLE 2002, S. 48].

Bei Änderung der Lerninhalte ist allerdings die Beschaffung und Installation einer neuen CD notwendig.

Das WBT basiert auf Internettechnologien. Die Lerninhalte werden auf einem Webserver abgelegt und zentral administriert, was enorme Vorteile bezüglich ihrer Aktualität hat. Der Lernende benötigt lediglich einen Internetanschluss und einen geeigneten Web-Browser um auf die Lerninhalte zugreifen zu können.

Weniger verbreitete Formen des E-Learning sind das Business TV oder Virtuelle Seminarräume [RIEKHOF, SCHÜLE 2002, S. 50], auf die in dieser Arbeit nicht weiter eingegangen werden kann.

2 Didaktik

Erfordert der Einsatz von E-Learning eine eigene Didaktik? Dieser Frage soll im folgenden Kapitel nachgegangen werden, indem zunächst die klassischen Ansätze des Behaviorismus, des Kognitivismus und des Konstruktivismus dargestellt und vergleichen werden, bevor nachfolgend geprüft wird, ob diese Ansätze für den E-Learningeinsatz verwandt werden können, beziehungsweise ob eine eigene Didaktik des E-Learning zu entwickeln ist und welche Anforderungen an diese zu stellen wären.

2.1 Behaviorismus

Der Behaviorismus, als eins der ältesten Lernparadigmen, geht von der Annahme aus, dass Verhalten durch Konsequenzen, die auf das gezeigte Verhalten folgen, gesteuert wird und nicht durch Vorgänge im Inneren einer Person. Verhalten setzt sich also aus einem Reiz-Reaktionsmuster zusammen. HOLZINGER definiert das behavioristische Lernen als „(...)die Beeinflussung (...) von Reaktionen der Lerner" [HOLZINGER 2000, S. 155]. Ein bekanntes Beispiel für den Behaviorismus sind die Pawlowschen Hunde. Der russische Forscher I. P. Pawlow hat Hunden als Nachweis einer klassischen Konditionierung mehrfach bei Erklingen eines Glockentons Futter gegeben. Als das Futter nach einiger Zeit weggelassen wurde, reagierten die Hunde allein auf das Erklingen des Glockentons mit erhöhtem Speichelfluss. Ein natürlicher Reiz auf die Reichung von Futter, auf das Ertönen einer Glocke allerdings nicht. Die Hunde haben gelernt auf die Aktion „Futterreichung bei Erklingen der Glocke" mit einer entsprechenden Reaktion „Erhöhung des Speichelflusses" zu erwidern. Das behavioristische Paradigma hat in Lernbereichen, die der Automatisierung von komplexen Tätigkeiten dienen -etwa beim Einsatz von Flugsimulatoren in der Pilotenausbildung- nach wie vor einen hohen Stellenwert, dennoch bleibt als Kritikpunkt festzuhalten, dass Vorwissen eines Lernenden und individuelle Faktoren unberücksichtigt bleiben [HOLZINGER 2000, S. 130-132].

2.2 Kognitivismus

Der Kognitivismus entwickelte sich als Reaktion auf die methodisch eingeengte Sichtweise des Behaviorismus. Das Gehirn wird nicht mehr als Black Box gesehen, bei der lediglich Input und Output interessieren. Der Kognitivismus geht davon aus, dass menschliche Wahrnehmung als aktive Konstruktionsleistung der Person zu werten ist. Wahrnehmung ist

kein passiver Prozess der Informationsaufnahme und –weiterverarbeitung. Neue Informationen werden nach kognitivistischer Annahme immer im Licht des bereits vorhandenen Wissens interpretiert [KERRES 2001, S. 66]. Im Mittelpunkt steht das Erlernen von geeigneten Verarbeitungsstrategien zur Problemlösung, die Förderung von Fähigkeiten wie Erkennung von Zusammenhängen und Mustern, sowie die Übertragung der erlernten Konzepte auf neue Problemstellungen [BAUMGARTNER, PAYR 1999, S.130]. Die entscheidende Abgrenzung zum Behaviorismus liegt in der Annahme, dass der Lernende schlussfolgernd denkt und nicht nur reagiert. Ziel ist die Förderung von Problemlösungsfähigkeiten. Lehrende bereiten eine Lernumgebung vor, der Lernende muss selbständig in dieser Umgebung handeln und bekommt bei Bedarf Hilfestellungen durch den Lehrenden, seinen Tutor.

Der Kognitivismus beruht auf neurobiologischen Grundlagen. Hiernach ordnet das Gehirn Informationen, die es speichert, zu komplexen Netzen. Insbesondere die Begleitumstände unter denen ein Ereignis stattgefunden hat finden Beachtung. Gab es etwa eindrückliche emotionale Begleitumstände, so wird die Gedächtnisleistung nachweislich gefördert [WEICKER 2005, S. 3].

Die Kritik am Kognitivismus betrifft hauptsächlich „die Reduktion menschlichen Handelns auf kognitive Informationsverarbeitung, bei der das Individuum als Zentrum von Wissen und Handeln überbewertet wird und die menschliche Emotionalität, Leiblichkeit und Situiertheit des Handelns in der Lebenswelt ausgeblendet werden" [KERRES 2001, S. 74]. Die zu starke Konzentration auf die geistigen Verarbeitungsprozesse könne zur Vernachlässigung der Vermittlung einfacher Fertigkeiten führen.

2.3 Konstruktivismus

Als eine der pädagogisch-methodischen Grundlagen des Konstruktivismus ist das Konzept des entdeckenden Lernens zu sehen, das in den 60er Jahren von J. Bruner begründet wurde und dessen wesentliches Ziel in der Ausbildung der Problemlösungsfähigkeit besteht [SCHULMEISTER 2002, S. 67]. Der Konstruktivismus begreift Lernen als einen aktiven internen Prozess, bei dem Individuen ihr Wissen in realen Situationen selbst konstruieren und es in Beziehung zu bestehendem Vorwissen setzen [KAMENTZ, WOMSER-HACKER 2003, S. 351]. Der Lehrende tauscht die autoritäre Rolle des „Allwissenden" gegen die eines Beraters mit großer Erfahrung, der sich der Tatsache bewusst ist, dass es kein absolut „richtiges" Wissen gibt und er lediglich als Anbieter seines individuellen Wissens Hilfestellung leisten kann. Es steht nicht mehr das autoritäre Lehrermodell des Behaviorismus im Vordergrund,

oder die tutorielle Unterstützung des Kognitivismus, sondern die persönliche Erfahrung des Lernenden [KAMENTZ, WOMSER-HACKER 2003, S. 351].

2.4 Instruktionismus vs. Konstruktivismus

Sowohl der Behaviorismus als auch der Kognitivismus verfolgen einen instruktionalistischen (anleitenden) Ansatz, wobei das Unterrichtsgeschehen essentiell durch den Lehrenden bestimmt wird. Der Instruktionismus ist beim Behaviorismus besonders stark ausgeprägt. Die folgende Tabelle, die KAMENTZ, WOMSER-HACKER (vgl. 2003, S. 352) entnommen und in Anlehnung an [FRENCH 1999] erstellt ist, fasst die Konzepte der beiden Ansätze vergleichend zusammen.

Tabelle 1: Instruktionismus vs. Konstruktivismus

Instruktionismus	Konstruktivismus
- Der Lehrende leitet den Lernprozess	- Der Lernende leitet den Lernprozess
- Der Lehrende legt die Lernziele fest	- Die Lernziele werden von der Lehrkraft und den Lernenden gemeinsam aufgestellt, unter Berücksichtigung der Bedürfnisse einzelner Lernender
- Lernende gelten als passiv und werden als „Behälter" begriffen, die mit statischem Wissen zu füllen sind.	- Lernende gestalten aktiv den Lernprozess und lösen Probleme, die für sie persönlich relevant sind.
- Lernen umfasst die Aneignung von Fakten und die Fähigkeit, Dinge nachzuahmen. (Lernen, wie man etwas macht)	- Lernen umfasst die individuelle Konstruktion von Wissen in realen Situationen und die darauf aufbauende Entwicklung von strategischem Wissen. (Lernen, wie man lernt)

Quelle: KAMENTZ, WOMSER-HACKER (vgl. 2003, S. 352)

2.5 Resümee

Eine eigene E-Learningdidaktik ist nach den gemachten Ausführungen nicht erforderlich. Sowohl die instruktionalistischen Lernansätze, als auch der Konstruktivismus beinhalten Lernmethoden, die zur Erreichung divergierender Lernziele dienen können. Jede E-Learningsoftware verfolgt eigene didaktische Ziele, woraus resultierend didaktische Vorentscheidungen in alle angebotenen E-Learningprodukte eingebettet sind. Dies muss den Autoren der Lernplattform nicht zwingend bewusst sein, aber selbst bei der vermeintlichen sachlichen Autorität eines Programms, welches zunächst Lehrinhalte präsentiert und diese anschließend mittels eines Multiple Choice Tests abfragt, werden konstruktivistische Elemente gänzlich unterdrückt. Es geht lediglich um die Reproduktion von Faktenwissen. Der Lernsoftware wurde also eine didaktische Richtung gegeben.

Unterschiedliche Kombinationen von Lernziel / Lerninhalt und Situation verlangen abweichende didaktische Konzepte [STRANGMEIER 2003, S. 133].

STRANGMEIER hat folgendes E-Learning-Dreieck entwickelt, welches gut der Veranschaulichung abweichender didaktischer Anforderungen, abhängig vom Lernziel, dient. Lernziel und Lerninhalt werden in dem folgenden E-Learning-Dreieck unter dem Begriff Content zusammengefasst, während die didaktischen Aspekte unter dem Begriff Methode subsumiert werden. Die zu wählende Methode kann abhängig von Content und der Situation unterschiedlich sein

Abbildung 2: E-Learning-Dreieck

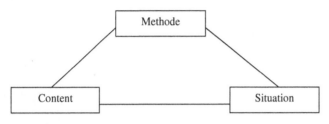

Quelle: STRANGMEIER (vgl. 2003, S. 133)

STRANGMEIER (vgl. 2003, S. 134) empfiehlt hieraus resultierend zwei Möglichkeiten für das Design von Learning-Management-Systemen (LMS):

➤ Für ein Tripel aus Content, Situation und Methode ein eigenes LMS entwickeln oder eine Standardversion auf die Bedürfnisse anpassen

➤ Ein LMS von didaktischen Vorentscheidungen freihalten, so dass unterschiedliche Dreiecke integriert werden können.

3 Potentiale des E-Learning

Die Potenziale des E-Learning sollen zunächst in einer kleinen Tabelle aufgezeigt werden, welche auf die Unterschiede zwischen einer Präsenzschulung und dem E-Learning eingeht.

Tabelle 2: Präsenzschulung vs. E-Learning

	Präsenzschulung	**E-Learning**
Zugangsmöglichkeit	beschränkt	24 Std. / 365 Tage
Relative Kosten	hoch	niedrig
Ergebnismessung	schwierig	automatisiert (Test)
Aufnahme Lerninhalte	variiert	hoch
Qualität des Trainings	abhängig vom Trainer	konstant hoch
Einsatzbereiche	Übungen / Vertiefungen	Basiswissen aufbauen
Soziale Kontakte	hohe Community – Effekte	virtuell nur begrenzt

Quelle: NEUMANN, NACKE, ROSS (vgl. 2002, S. 19)

Die Potentiale des E-Learning liegen im Wesentlichen in:

> ➤ der flexiblen Zeiteinteilung

> ➤ der individuell anpassbaren Lerngeschwindigkeit und

> ➤ den geringen Lernmaterial- und Opportunitätskosten.

Das Lernen kann in E-Learningmodulen in kleinen Zeiteinheiten erfolgen, da die einzelnen Module meist nicht sehr umfangreich gestaltet sind. Die Erinnerungsfähigkeit ist bei E-Learningkursen durch multimedial gestaltete Inhalte, die Möglichkeit des Lernenden sein Lerntempo selber zu bestimmen und die interaktiven Tests wesentlich höher als bei Präsenzseminaren. Zudem kann „Wissen auf Bedarf" erworben werden. Der Lernende kann das E-Learning-Modul, dessen Wissen und Kompetenzen er grade im beruflichen Alltag benötigt bei Bedarf bearbeiten. Diese Vorteile werden nach SEUFERT, MEYR (vgl. 2002, S. 76) oft unter den Begriffen Learning-on-Demand und Just-in-time-Learning zusammengefasst.

Der Kostenvorteil gegenüber Präsenzschulungen resultiert hauptsächlich aus den geringen Opportunitätskosten, die dank der freien Zeiteinteilung entstehen [NEUMANN, NACKE, ROSS 2002, S. 19]. Nicht zu vergessen bleibt allerdings, dass E-Learningnutzer, wie andere Lernende, der inhaltlichen und didaktischen Betreuung bedürfen und darüber hinaus auf technischen Support angewiesen sind, was variable Kosten erzeugt [STRANGMEIER, S. 124].

Kritisch bleibt zu Tabelle 2 zudem anzumerken, dass die Qualität des Trainings bei E-Learningsoftware natürlich nur konstant hoch ist, wenn die Software inhaltlich und didaktisch hochwertig aufbereitet ist. In jedem Fall ist die Qualität des Trainings konstant.

4 Problemfelder des E-Learning

Die Konsumenten von Software stellen auf allen Gebieten, auch beim E-Learning, hohe Anforderungen an die Standardisierung und Interoperabilität. Der Kunde möchte frei auf das aktuelle Geschehen am Markt reagieren können und sich zum Beispiel die Entscheidung der Umstellung auf ein neues Betriebssystem nicht durch mangelnde Interoperabilität der ansonsten in seinem Unternehmen verwendeten Software und hiermit verbundenen hohen Folgekosten abnehmen lassen. Es liegt also am Hersteller der Software auf diese Kundenanforderungen zu reagieren. Das Problemfeld „Motivation" betrifft den Lernenden selber. Es ist in seiner Bedeutung nicht zu verachten, da auch eine teure, inhaltlich und didaktisch hoch aufbereitete E-Learningsoftware keinen Benefit für ein Unternehmen bringen wird, wenn sie nur bei den Entscheidern, nicht aber bei den Anwendern akzeptiert ist.

4.1 Standardisierung

ADL, AICC, ARIADNE, IEEE LTSC und IMS sind Namen der bedeutendsten Standardisierungsinitiativen, die zunächst alle eigenständig versucht haben, ihre Standards auf dem Gebiet des E-Learning zu etablieren. Inzwischen haben sich die verschiedenen Standardisierungsinitiativen darauf geeinigt, ihre Arbeitsergebnisse auszutauschen [BAUMGARTNER, HÄFELE, MAIER-HÄFELE 2002a]. Folgende Abbildung der IMC GmbH zeigt das Kooperationsnetzwerk der E-Learning Standardisierungsgremien.

Abbildung 3: Kooperationsnetzwerk der E-Learning Standardisierungsgremien

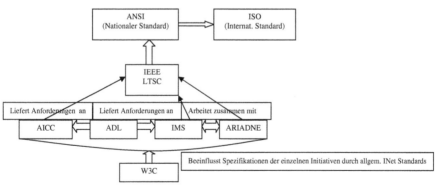

Quelle: IMC GmbH

4.2 Interoperabilität

Eng verbunden mit einer fortschreitenden Standardisierung im E-Learning ist die Interoperabilität. Mit einer Standardisierung im E-Learning Bereich können Lerninhalte vergleichbar, austauschbar und von verschiedenen Quellen/Systemen interoperabel genutzt werden, so dass sie auch in Zukunft kompatibel und wieder verwertbar sind [PAAR, S. 2]. Hierdurch könnten enorme Einsparpotenziale bei der Erstellung von CBTs / WBTs realisiert werden.

Obwohl auf Konsumentenseite -nicht zuletzt wegen der dargelegten Kostenargumente- eine Forderung nach interoperabler Software besteht, sei dahingestellt, ob grenzenlose Interoperabilität und unkomplizierte Migration von Lernobjekten auch durch den Produzenten vorangetrieben wird. Aus der ökonomischen Sicht eines kommerziellen Anbieters von E-Learning-Material kann sich dies als nicht sinnvoll darstellen. Da die Standardisierungsbestrebungen immer weitere Fortschritte machen, bleiben die E-Learning-Inhalte der vielleicht letzte komparative Konkurrenzvorteil, mit dem sich ein Anbieter von anderen abheben kann. Es müssen also einerseits Eintrittsbarrieren gegenüber anderen Anbietern geschaffen werden, was durch qualitativ hochwertiges und zugleich proprietäres Lernmaterial erreichet werden kann. Andererseits kann ein Anbieter die Kundenbindung vorhandener Kunden verstärken, indem er zusätzliche Austrittsbarrieren etwa durch mangelnde Kompatibilität seiner Produkte zu anderen Produkten schafft [PANKRATIUS, OBERWEIS, STUCKY 2005, S. 9].

4.3 Motivation

Um eine ausreichende Lernmotivation bei den Anwendern zu schaffen ist es elementar, dass sowohl Entscheider, wie der Vorstand oder Betriebsrat, als auch der Lernende selbst, E-Learning akzeptiert und seinen persönlichen Vorteil aus dieser Art des Lernens ziehen kann.

Die Psychologie unterscheidet zwischen intrinsischer und extrinsischer Motivation, welche verschiedene psychologische Anreizmodelle für menschliches Verhalten beschreiben. Die Pädagogik bezeichnet die intrinsische Motivation auch als Primärmotivation, während extrinsische Motivation als Sekundärmotivation bezeichnet wird. Intrinsische Motivation ergibt sich aus dem Inneren des Lernenden, welcher Freude am Lernen hat oder die intellektuelle Herausforderung sucht. Extrinsische Motivation ergibt sich aus äußeren Faktoren, wie dem Streben nach Anerkennung oder materieller Belohnung [STRANGMEIER 2003, S. 128].

Die intrinsische Motivation muss dem Lernenden gegeben sein, hier kann der Lehrende bzw. der Arbeitgeber wenig Einfluss nehmen.

Ein entscheidender Nachteil, den ein Mitarbeiter in extrinsischer Hinsicht beim E-Learning im Vergleich zu einer Präsenzschulung sehen kann ist, dass er bei einer Präsenzschulung im Regelfall ein Zertifikat erhält, welches er bei späteren Bewerbungen oder Personalgesprächen vorlegen kann. Ein absolvierter E-Learningkurs verpufft in dieser Beziehung oft wirkungslos [NEUMANN, NACKE, ROSS 2002, S. 49]. Hier liegt es am Arbeitgeber, dem Lernenden zu vermitteln, dass auch ein erfolgreich absolvierter E-Learningkurs Anerkennung findet und dem beruflichen Fortschritt dient.

Problematisch ist weiterhin, dass der Lernende beim E-Learning zumeist isoliert arbeitet und wenig Feedback erhält. Diese Art des Lernens setzt eine enorme Lerndisziplin voraus. Eine Lernzielkontrolle ist schwierig, der Lernende wird sich fragen: „Was kann ich bereits? Bin ich auf dem richtigen Lernweg? Passt mein Wissen zur angestrebten Kompetenz?" [HÖLBLING 2005, S. 8]. Darüber hinaus hat der Lernende beim E-Learning durch sein isoliertes Lernen wesentlich weniger Möglichkeiten Netzwerke zu knüpfen, als auf Präsenzschulungen. Das so genannte „Networking" gewinnt aber zunehmend an Bedeutung. Die richtigen Beziehungen sind oft der Schlüssel zum beruflichen Aufstieg. Nachdem persönliche Kontakte auf gemeinsamen Veranstaltungen, etwa Präsenzschulungen geknüpft werden konnten erfährt die Kontaktpflege via Internet einen enorm hohen Stellenwert, aber für das erste Herstellen des Kontaktes ist der Besuch einer gemeinsamen Veranstaltung signifikant.

Schließlich ist es motivierten Lernenden, trotz gegenteiliger Lernvereinbarungen oft nur möglich in Zeitspannen außerhalb der Arbeitszeit zu Lernen, da ihr faktischer Arbeitsablauf unverändert bleibt. Auch stark modularisierte Lernsequenzen erfordern ein Minimum an zusammenhängender Zeit, das in modernen, dicht gepackten Arbeitsprozessen meist nicht zur Verfügung steht. Für ein effizientes E-Learning muss sichergestellt sein, dass das Arbeitsumfeld die Nutzung der Lernzeiten nicht be- oder verhindert. Schon die fortgesetzte Arbeitstätigkeit von Kollegen stellt ein in der Praxis nicht zu unterschätzendes Hemmnis dar [HÖLBLING 2005, S. 8]. Nur wenn Lernenden eine gewisse Zeitsouveränität für das Lernen eingeräumt wird, ist es möglich eine grundsätzlich vorhandene Lernmotivation aufrecht zu erhalten.

5 E-Learningsysteme

Um ein Modul für ein WBT zu erstellen muss kein LMS vorhanden sein. Module können ebenso mittels einer Software, die zur Modulerstellung geeignet ist, wie beispielsweise MS Frontpage oder zukünftig MS Expression, verfasst werden und die Kommunikation zwischen Lehrenden und Lernenden kann mittels eines E-Mailclients, etwa Outlook Express oder MS Office Outlook abgewickelt werden. Da LMS nach BAUMGARTNER [BAUMGARTNER, HÄFELE, MAIER-HÄFELE 2002a, S. 17] die Organisation des Lernprozesses sowohl pädagogisch-didaktisch, wie auch administrativ wesentlich erleichtern, ist es zu empfehlen, ein LMS einzusetzen. In den meisten Fällen wird dieser Empfehlung auch folge geleistet.

5.1 Anforderungen an E-Learningsysteme

In Abbildung 3 sind die nach BAUMGARTNER [BAUMGARTNER, HÄFELE, MAIER-HÄFELE 2002a, S. 17] wichtigsten Anforderungen an E-Learningsysteme und somit auch an LMS dargestellt.

Abbildung 4: Funktionsbereiche von Lernplattformen

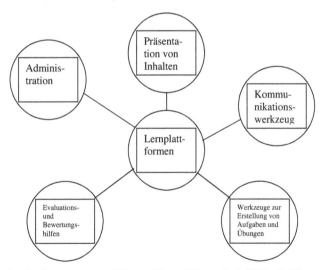

Quelle: BAUMGARTNER, HÄFELE, MAIER-HÄFELE (vgl. 2002a, S. 17)

13

5.1.1 Präsentation

Der Funktionsbereich „Präsentation" übernimmt das Darstellen von Inhalten, wie Texten, Grafiken, Bild-, Ton- oder Filminhalten der einzelnen Module. An das Präsentationssystem ist im Regelfall das Navigationssystem des jeweiligen E-Learningsystems angegliedert.

5.1.2 Erstellung

Die Erstellung der Lerninhalte ist offenkundig eine der bedeutendsten Funktionen eines E-Learningsystems. In einem LMS werden verschiedene Methoden angewandt, um Lerninhalte zu erstellen. Die gängigsten werden nachfolgend kurz vorgestellt:

➢ Multiple Choice

  Multiple Choice ist ein statistisches Verfahren zur Datenerhebung. Dem Lernenden werden mehrere Auswahlmöglichkeiten zur Beantwortung einer Frage vorgegeben unter denen er eine oder mehrere Auswählen kann.

➢ Umfrage

  Umfragen dienen nicht der Abfrage von Wissen. Lehrende führen sie durch, um ein Feedback auf Lehrinhalte oder ihren Lehrstil zu erhalten.

➢ Klassische Aufgabe

  Bei der klassischen Aufgabe verfasst der Lernende einen Text oder erstellt eine Berechnung, die dem Lehrenden anschließend digital übermittelt wird.

5.1.3 Kommunikation

Es gibt asynchrone Kommunikationswerkzeuge, wie E-Mail oder Webforen und synchrone Kommunikationswerkzeuge, wie etwa den Chat oder Audio- oder Videokonferenzen. In der täglichen Praxis erweisen sich die asynchronen Kommunikationsformen als die wichtigsten. Der Einsatz synchroner Techniken erfordert eine wesentlich intensivere Moderation durch Tutoren [NEUMANN, NACKE, ROSS 2002, S. 23]. Es werden

➢ technische => synchrone oder asynchrone und

➢ fachliche => Austausch zwischen verschiedenen Zielgruppen: Lernender - Lernender; Lernender – Lehrender; Lehrender - Lehrender

Arten der Kommunikation unterschieden.

Einen „Bereich" zu schaffen, in dem sich Lernende und Lehrende begegnen und austauschen können ist beim E-Learning, einer ansonsten sehr isolierten Form des Lernens, besonders wichtig. Hier können Probleme diskutiert und im Selbststudium erworbenes Wissen vertieft

werden. In großen Lernplattformen werden hierzu mehrere kleine, themenbezogene Communities gebildet, die sich auf Ihrem jeweiligen Interessensgebiet austauschen.

5.1.4 Administration

Über die Administration wird das E-Learningsystem verwaltet. In der Regel sind die Nutzer eines E-Learningsystems in folgende Rollen unterteilt:

> Administrator

> Lehrender

> Tutor

> Lernender

Die verschiedenen Rollen verfügen im System über unterschiedliche Zugriffsrechte, wobei die Administratoren in der Regel mit dem Recht „Vollzugriff" ausgestattet sind. Die Zugriffsrechte der anderen Teilnehmer können sich nach verschiedenen Kriterien, wie etwa Dauer der Zugehörigkeit zur Community, oder Anzahl von geleisteten Beiträgen bemessen. Die Aufgaben der Administratoren bzw. mit administrativen Rechten ausgestatteten Mitglieder beinhalten insbesondere die Verwaltung beziehungsweise das Anlegen von:

> Lernenden und Lehrenden

> Inhalten

> Kursen

> Lernfortschritten

> Terminen [BAUMGARTNER, HÄFELE, MAIER-HÄFELE 2002a, S. 17].

5.1.5 Evaluation

Die Evaluation dient der Bewertung oder Beurteilung der Lerninhalte. Lerninhalte sollten einer regelmäßigen Evaluierung unterzogen werden, um zeitnah auf sich ändernde Ansprüche bei den Nutzern des E-Learningsystems reagieren zu können und somit nicht zuletzt deren Motivation aufrecht zu erhalten. Es sollte sichergestellt sein, dass eine Person die ihr Feedback abgeben möchte anonym bleiben kann, wenn sie dies will, da es andernfalls zu verzerrten Ergebnissen, beziehungsweise mangelnder Teilnahmebereitschaft kommen kann, wenn der Lernende negative Konsequenzen durch die Abgabe seines Feedbacks fürchten muss.

15

5.2 Learning Management System (LMS)

Wie bereits erwähnt empfiehlt sich der Einsatz eines LMS. LMS können als eine Art Betriebssysteme für unternehmensbezogene Lernlösungen angesehen werden [NEUMANN, NACKE, ROSS 2002, S. 67].

Auf Anforderungen an E-Learningsysteme und somit auch an LMS wurde unter 5.1 bereits näher eingegangen, so dass hierüber im Folgenden keine Diskussion mehr stattfindet. Stattdessen werden zwei LMS beispielhaft vorgestellt.

5.2.1 Moodle

Moodle, ein Akronym für Modular Object-Oriented Dynamic Learning Environment, ist eine Software für Online-Lernplattformen auf Open-Source-Basis. Voraussetzung für die Installation sind die Skriptsprache PHP, ebenfalls eine Open-Source-Software und eine Datenbank, die DBXML unterstützt. Derzeit sind 33258 Installationen aus 192 Ländern registriert. Damit gehört Moodle zu den LMS mit weltweit größtem Verbreitungsgrad [MOODLE 2007].

Moodle besteht aus einzelnen Modulen, in welchen verschiedene Lerninhalte, aber auch Diskussionsforen, Glossare oder Abstimmungen zur Verfügung gestellt werden. Weiterhin verfügt Moodle über ein Buchmodul, mit dessen Hilfe Lerninhalte erstellt werden können und es ist SCORM (Sharable Content Object Reference Model) kompatibel, ermöglicht also die Übernahme von Lerneinheiten aus anderen Systemen.

Didaktisch findet man in Moodle sowohl instruktionalistische Elemente, wie Arbeitsmaterialen in Kursen, zum Beispiel Texte und Dateien zur passiven Informationsaufnahme, als auch konstruktivistische Elemente, in denen die Interaktion zwischen Lehrendem und Lernendem gesucht wird.

5.2.2 ILIAS

ILIAS, eine Abkürzung für Integriertes Lern-, Informations- und Arbeitskooperations-System, ist eine an der Universität zu Köln entwickelte Open-Source-Software, deren Ziel die Ergänzung der Präsenzlehre durch den Einsatz neuer Informations- und Kommunikationstechnologien war.

ILIAS verfügt über folgende Funktionen:

> ➢ Personalisierung (Möglichkeiten zur Individualisierung der Lernumgebung, etwa: Anzeige belegter Module, Verwaltung des persönlichen Profils, Terminkalender)

➢ Kursmanagement (z.b. automatische Anmeldung, Lernplanung, Lernzielkontrolle)

➢ Kooperation (z.b. Versionierung von Dateien zur gemeinsamen Bearbeitung)

➢ Kommunikation (z.b. Mail, Chat, Foren)

➢ Test und Umfrage (Test zur Selbsteinschätzung des Wissens z.b. Multiple Choice, Lückentext, integriertes Umfrage-Instrument z.b. zur Erstellung von Fragebögen)

➢ Authoring (integrierte Autorenumgebung, mit deren Hilfe Lernmaterialien aus Text und Multimedia Elementen zu WBTs zusammengestellt werden können)

➢ Funktionen zur Systemadministration (z.b. Rechteverwaltung, Authentifizierung).

5.3 Autorensysteme

Autorensysteme dienen der Entwicklung von digitalen Lernangeboten. Sie ermöglichen es Lehrenden Kurse oder Module für CBTs oder WBTs zu erstellen oder aufzubereiten. In ein LMS sind Autorensysteme in aller Regel integriert.

Autorensysteme lassen sich grob unterteilen in:

➢ Editoren für Medien (Grafiken, Animationen, Simulationen)

➢ Editoren für Lernmaterial – Seiten

➢ Editoren für Kursnavigation.

Einige Autorensysteme vereinen alle diese Funktionen, was bedeutet, dass diese Autorensysteme es dem Ersteller von Online-Kursen erlauben, verschiedene Medien in eine Lerneinheit zu integrieren, um professionellen, dynamischen und interaktiven Lerninhalt zu erstellen.

Nachfolgend werden zwei Autorensysteme exemplarisch vorgestellt.

5.3.1 ToolBook

ToolBook ist ein Autorensystem, welches vor allem für die Entwicklung von CBTs gedacht ist. Die Entwicklung von Hypertexten erfolgt mittels einer Klartext-Programmiersprache namens Open-Script. In einer einfachen Version dieses Autorensystems werden formatierter Text und Grafik unterstützt, eine professionellere Version bietet auch Video und Sound an. Zur Ausführung benötigt der Anwender ein Runtime-Modul, das Autoren, die eine lizenzierte Version des Autorensystems besitzen, mit ihren Produkten frei ausliefern dürfen.

Sowohl das Autorensystem, als auch das Runtime-Modul von ToolBook laufen unter MS Windows.

5.3.2 Macromedia Director

Macromedia Director (Kurzform: Director) ist als Autorenwerkzeug noch umfangreicher Einzusetzen als ToolBook. Es dient dem Erstellen multimedialer Internet-, DVD-, CD-ROM- und Kioskanwendungen. Die Inhalte können mit Hilfe von Audio, Video oder Echtzeit-3D- Effekten interaktiv und dynamisch gestaltet werden. Im Gegensatz zu ToolBook kann Director nicht nur unter MS Windows, sondern auch unter Mac OS laufen. Zur Ausführung benötigt der Anwender auch hier ein Runtime-Modul, den Shockwave-Player, der allerdings kostenlos bei Adobe heruntergeladen werden kann.

5.4 Content Management System(CMS)

In einem CMS sind Inhalte nicht als einzelne „Seiten" organisiert, sondern die Ablage der Elemente einer Anwendung erfolgt redundanzfrei in einem DBMS (database management system). Nachdem die Elemente einer Lernanwendung in die Datenbank geschrieben wurden, werden sie dort zu Seiten „zusammengesetzt". In einem CMS werden die Inhalte von der Präsentation getrennt. Die Darstellung wird also durch das Verändern bestimmter Parameter beeinflusst, ohne die Inhalte zu modifizieren und umgekehrt [KERRES 2001, S. 384].

Diese Zusammenhänge werden in Folgender Abbildung verdeutlicht:

Abbildung 5: Wirkungszusammenhänge in einem CMS

Quelle: KERRES (vgl. 2001, S. 384)

In einem CMS erstellen Autoren / Entwickler ihre Inhalte, welche im DBMS abgelegt werden. Im E-Learning werden diese Inhalte zumeist als Learning Object (LO) bezeichnet, der kleinsten sinnvollen Lerneinheit, in die ein Online-Kurs zerlegt werden kann. Ein LO kann ein Text, eine Grafik oder eine Animation sein. Wenn LO's mit Metadaten versehen werden und zu größeren Online-Kurseinheiten kombiniert werden, so spricht man von Reusable Learning Objects (RLO's). Mehrere RLO's werden zu einem Kurs zusammengesetzt, mehrere Kurse bilden einen Lehrgang. Einzelne RLO's können beliebig zu neuen Kursen angeordnet werden, wodurch doppelter Entwicklungsaufwand bei der Erstellung von WBTs vermieden werden kann, vorausgesetzt der Autor des Lerninhaltes teilt

seine Lerneinheiten in einzelne RLO`s auf, welche er mit entsprechenden Metadaten versehen abspeichert [BAUMGARTNER, HÄFELE, MAIER-HÄFELE 2002b, S. 4 f].

Abbildung 6: Modulares Prinzip der Reusable Learning Objects

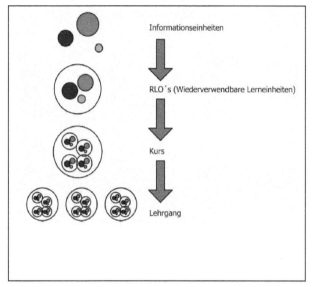

Quelle: BAUMGARTNER, HÄFELE, MAIER-HÄFELE (vgl. 2002b, S. 5)

5.4.1 Learning Content Management System (LCMS)

Ein LCMS ist eine Software, die das Erstellen, Speichern und Verwalten von RLO`s sowie die Organisation und Betreuung webunterstützten Lernens ermöglicht [BAUMGARTNER, HÄFELE, MAIER-HÄFELE 2002b, S. 5]. LCMS verfügen über integrierte Autorentools beziehungsweise Templates zur unkomplizierten Erstellung von LO`s, so dass die Autoren der LO`s eine Entlastung erfahren. LCMS bieten die Möglichkeit von externen Learning-Content-Providern, beispielsweise SkillSoft, LO`s hinzu zu kaufen und in das System zu integrieren. Alle in der Datenbank des LCMS abgespeicherten LO`s bieten die Basis, um zu kollektiven oder individuell auf die Lernprofile einzelner Lernender abgestimmten Onlinekursen zusammengestellt zu werden.

Einige LCMS sind in der Form aufgebaut, dass sie den Lernenden sogar Vorschläge unterbreiten, welche RLO`s ferner bearbeitet werden sollten, um Wissenslücken, so genannte Skill Gaps, zu schließen. Die Lernenden müssen sich hierfür einer Skill-Gap-Analyse mit Pre- und Posttests unterziehen, zum anderen werden Vorgesetzte und Kollegen um eine

19

Einschätzung der Fähigkeiten des Lernenden gebeten. Das LCMS generiert aus diesen Daten Kursvorschläge, die es dem Lernenden unterbreitet. Erst nach erfolgreichem Abschluss einer vorgeschlagenen Lerneinheit und dem Bestehen des zugehörigen Abschlusstests wird die Wissenslücke durch das LCMS als geschlossen betrachtet [BAUMGARTNER, HÄFELE, MAIER-HÄFELE 2002b, S. 7].

Abbildung 7: Schema eines Learning Content Management Systems

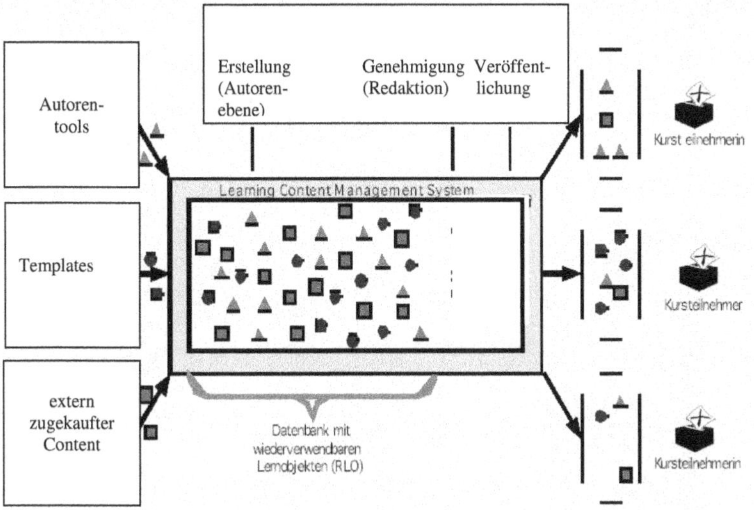

Quelle: BAUMGARTNER, HÄFELE, MAIER-HÄFELE (vgl. 2002b, S. 6)

20

6 Praxisbeispiel

Nach den bisherigen theoretischen Ausführungen soll in diesem Kapitel das E-Learning bei der BASF AG als Praxisbeispiel vorgestellt werden.

6.1 BASF Weiterbildung

Die BASF Weiterbildung ist interner Anbieter von Qualifizierungsmaßnahmen bei der BASF. Sie verfolgt die Strategie, E-Learning als festen Bestandteil aller Qualifizierungsmaßnahmen zu integrieren und etablieren. Vorgesetzte unterstützen das Bestreben der Mitarbeiterqualifikation durch E-Learning. Fester Bestandteil jedes Mitarbeitergespräches ist unter anderem die Vereinbarung von Qualifizierungszielen.

BASF bezweckt durch den Einsatz von E-Learning eine Win-Win-Situation für die Mitarbeiter und das Unternehmen zu schaffen, indem sie von mehr Lernerfolg bei geringeren Kosten profitiert. Mitarbeiter haben durch E-Learning weniger Abwesenheitszeiten vom Arbeitsplatz, so lässt sich ihre Verfügbarkeit für das Unternehmen erheblich steigern [RIEKHOF, SCHÜLE 2002, S. 384]. Die Mitarbeiter profitieren insbesondere in einem Weltkonzern wie der BASF von E-Learning, da hier über das Intranet die Möglichkeit besteht auch Mitarbeiter aus anderen Standorten, anderen Ländern, sogar anderen Kontinenten mit in das Lernprogramm einzubeziehen. Auch Schicht- und Außendienstmitarbeiter, denen die Teilnahme an Präsenzseminaren oft nicht oder nur schwer möglich ist, können durch E-Learning mit in den Lernprozess einbezogen werden.

Die Ausprägungsformen des E-Learning bei der BASF reichen von ausgewählten Seminarinhalten, die im Intranet zum Selbststudium angeboten werden bis hin zu einem vollständigen Blended Learning, bei welchem es zum einen Präsenzphasen, zum anderen Online-Module mit tutorieller Betreuung gibt. Die größte Akzeptanz der Lernenden erzielt das Blended Learning, wie Evaluationsergebnisse ergeben haben. So weisen die Mitarbeiter nur eine geringe Bereitschaft auf, sich Wissen am Computer ohne Begleitung durch einen Tutor anzueignen. Selbstlernprogramme ohne Kommunikationsmodul bewerteten sie als statisch, unflexibel und nicht lerntypgerecht [RIEKHOF, SCHÜLE 2002, S. 385].

6.2 Learnbase

Um eine E-Learningsoftware erfolgreich implementieren zu können, müssen zwei wesentliche Bedingungen erfüllt sein:

> die EDV-Infrastruktur muss den Anforderungen der E-Learningsoftware entsprechen (benötigte Hard- und Software muss vorhanden sein, der Rechner muss Intranet- oder gar Internetzugriff haben)

> das Arbeitsumfeld muss in der Form gestaltet sein, dass störungsfreies Lernen möglich ist.

Die EDV-Infrastruktur der BASF ist gut ausgebaut und weitgehend standardisiert, so dass seit 2000 das E-Learning-Portal Learnbase bei der BASF betrieben wird, welches eigene und zugekaufte Inhalte darstellt.

Learnbase hat eine eigene Teilnehmerverwaltung, eine benutzerfreundliche Navigation und bietet viele Möglichkeiten zur synchronen und asynchronen Kommunikation, so dass soziale Aspekte nicht vernachlässigt werden. Als Autorensystem wird Macromedia Flash eingesetzt. Dieser weist standardmäßig jedoch keine Schnittstelle zum AICC (Aviation Industry CBT Committee)-Standard auf, einem Containerformat für den Austausch von E-Learning Übungen zwischen verschiedenen Plattformen, weshalb diese Schnittstelle auf Anforderung von BASF nachprogrammiert wurde.

Unter Learnbase angebotene E-Learningkurse beziehen sich hauptsächlich auf standardisierte Lerninhalte, etwa aus dem Bereich der EDV, Sprachen oder grundlegende betriebswirtschaftliche Inhalte, wie Kosten und Leistungsrechnung. Diese Lehrinhalte haben eine anhaltende Gültigkeit, die einzelnen Kurse müssen daher nicht ständig überarbeitet werden, weiterhin sind sie für eine dezentrale Zielgruppe relevant.

Im Rahmen des Blended Learning werden Präsenzseminare häufig durch E-Learningkurse vorbereitet, was einen ähnlichen Wissensstand der Teilnehmer sicherstellt.

Abbildung 8: E-Learning-Portal Learnbase

Quelle: DIDAKTECH (vgl. 2007)

22

6.3 Evaluation mittels Perion

Perion (Performance Improvement Online) ist ein webbasiertes Tool, das der Erhebung und Auswertung von Evaluationsdaten zu Weiterbildungsmaßnahmen dient. Über das Intranet erfolgt eine Evaluation zu verschiedenen Zeitpunkten:

> direkt nach Veranstaltungsende

> zeitnah nach der Veranstaltung und/oder

> nach ca. 100 Tagen [RIEKHOF, SCHÜLE 2002, S. 391].

Eine Auswertung der Evaluationsdaten erfolgt zur Wahrung der Anonymität nur, wenn die Mindestteilnahme an der Befragung 35 Prozent beträgt.

In Perion können Schwellenwerte festgelegt werden, bei deren Über- oder Unterschreitung der zuständige Projektleiter der Veranstaltung automatisch aus dem System generierte Benachrichtigungen erhält, die ein wirksames Veranstaltungscontrolling ermöglichen.

Weiterhin bietet Perion Kennzahlen in Bezug auf Wirtschaftlichkeit und Professionalität, so dass Vergleichsbetrachtungen von Veranstaltungen, Orten und Trainern durchgeführt werden können. Dies ermöglicht ein effizientes Bildungscontrolling. Die aus Perion generierten Kennzahlen werden als Datenbasis für die betriebliche Balanced Scorecard verwendet.

Abbildung 9: Evaluationstool Perion

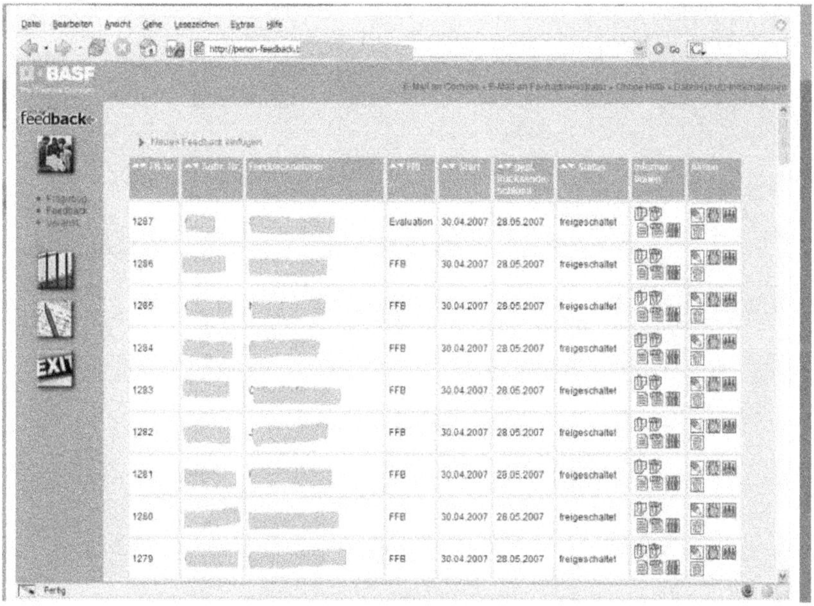

Quelle: COMVOS (vgl. 2007)

23

7 Fazit

Abschließend bleibt festzuhalten, dass E-Learning viele Potentiale birgt, es allerdings nicht ausreicht, lediglich die technische Lernlösung bereit zu stellen, um Lernende für E-Learning gewinnen und aktiv präsent halten zu können. Hierfür sind ein aktives Tutoring und die Möglichkeit zur interaktiven Kommunikation innerhalb der Lerngruppe erforderlich. Dies zeigt auch das Evaluationsergebnis aus dem, unter Kapitel 6 ausgeführten Praxisbeispiel, in welchem klar zum Ausdruck kommt, dass das Blended Learning die größte Akzeptanz unter den Lernenden aufweist.

Das E-Learning-Portal Learnbase der BASF ist ein gutes Beispiel für eine erfolgreiche E-Learninglösung. Es erfüllt die Anforderungen an ein LMS, hat eine eigene Evaluationsplattform und findet Akzeptanz bei den Mitarbeitern. Diese erfahren zum einen durch ihre Vorgesetzten Motivation beim Lernen, zum anderen gibt es viele Lernangebote, etwa aus dem EDV- oder Sprachenbereich, die neben dem beruflichen auch einen persönlichen Nutzen für die Beschäftigten der BASF bergen, so dass die Lernbereitschaft steigt.

Durch die immer weiter zunehmende Ausdehnung des Internets und die steigende Bedeutung des Faktors „Wissen" wird die Zahl der Lernwilligen im Bereich des E-Learning in den nächsten Jahren stetig zunehmen. Nach einer Studie von Towers Perrin und dem Economist bewerten 80 Prozent von 262 befragten Führungskräften Innovations-, Internet- und Teamfähigkeit sowie unternehmerisches Denken als kritische Erfolgsfaktoren der Zukunft. Nicht der Buchwert eines Unternehmens, sondern sein intellektuelles Kapital bestimmt seinen Wert [NEUMANN, NACKE, ROSS 2002, S. 29].

Für heutige Schüler und Studenten ist das Lernen mittels Computer eine Selbstverständlichkeit, so dass zukünftige Arbeitnehmer wesentlich aufgeschlossener gegenüber Weiterbildungsangeboten in elektronischer Form sein werden. Zudem wächst ihre Generation mit dem Begreifen der Notwendigkeit und dem Anspruch an ein lebenslanges Lernen auf.

Unternehmen werden das E-Learning nicht zuletzt wegen der, für sie hieraus resultierenden, betriebswirtschaftlichen Vorteile vorantreiben. E-Learning bietet viele Möglichkeiten zur Senkung der Weiterbildungsausgaben, insbesondere im Bereich der variablen Kosten. Auch die Opportunitätskosten können gesenkt werden, indem ansonsten nicht genutzte

24

Zeitressourcen der Lernenden aktiviert werden. Es wird dem Lernenden ermöglicht, in andernfalls ungenutzten Zeitfenstern von zu Hause oder dem Arbeitsplatz zu lernen. Der Gesamtkosteneffekt kann nicht pauschal beurteilt werden und ist im Einzelfall zu prüfen, ebenso wie die Vorteilhaftigkeit und Zweckmäßigkeit des Einsatzes von E-Learning für bestimmte Themengebiete.

Ein wichtiger Schritt hin zur Verbesserung der Qualität von E-Learningmodulen ist die fortschreitende Standardisierung im Bereich des E-Learning. Die früher getrennt voneinander arbeitenden Standardisierungsinitiativen haben sich inzwischen auf eine Zusammenarbeit verständigt, so dass einheitliche Standards geschaffen werden. Somit wird immer mehr gewerblichen Anbietern ermöglicht, sich auf die Erstellung von LO`s zu spezialisieren. Durch den entstehenden Konkurrenzdruck wird die Qualität der am Markt angebotenen LO`s steigen, dies wird zu einer Verbesserung der Lernqualität des E-Learning und Steigerung seiner Akzeptanz führen.

Literatur

[BAUMGARTNER, HÄFELE, MAIER-HÄFELE 2002] Baumgartner, P.; Häfele, H.; Maier-Häfele, K: E-Learning Praxishandbuch – Auswahl von Lernplattformen – Marktübersicht, Funktionen, Fachbegriffe, Studien Verlag, Innsbruck 2002

[BAUMGARTNER, HÄFELE, MAIER-HÄFELE 2002a] Baumgartner, P.; Häfele, H.; Maier-Häfele, K: CD Austria – Sonderheft: e-Learning, bm:bwk, 2002

[BAUMGARTNER, HÄFELE, MAIER-HÄFELE 2002b] Baumgartner, P.; Häfele, H.; Maier-Häfele, K.: E-Learning Standards aus didaktischer Perspektive. In: Bachmann, G.; Haefeli, O.; Kindt, M.: Campus 2002. Die virtuelle Hochschule in der Konsolidierungsphase, Waxmann, Münster 2002

[BAUMGARTNER, PAYR 1999] Baumgartner, P.; Payr, S.: Lernen mit Software, Studien-Verlag, München 1999

[FRENCH 1999] French, D.: Preparing for Internet-based Learning. In: French, D.; Hale, Ch.; Johnson, Ch.; Farr,G. (Eds.). Internet Based Learning. An Introduction and Framework for Higher Education and Business. Kogan Page, S. 9-24, London 1999

[HÖLBLING 2005] Hölbling, G.: Blended Learning – Anstoß für innovative Unternehmenskonzepte?, QUEM-BULLETIN, 1/2005

[HOLZINGER 2000] Holzinger, A.: Basiswissen Multimedia, Vogel Verlag, Würzburg 2000

[IMC 2001] IMC GmbH: Corporate Learning and Information eXchange, Technical Whitepaper, 2001

[KAMENTZ, WOMSER-HACKER 2003] Kamentz, E.; Womser-Hacker, C.: Lerntheorie und Kultur: eine Voruntersuchung für die Entwicklung von Lernsystemen für internationale Zielgruppen. In: Szwillus, G.; Ziegler, J.: Mensch & Computer 2003: Interaktion in Bewegung, Teubner Verlag, Stuttgart 2003

[KERRES 2001] Kerres, M.: Multimediale und telemediale Lernumgebungen, Oldenbourg Wissenschaftsverlag, München 2001

[KRÖPELIN, SPECHT 2002] Kröpelin, P.; Specht, M.: Die Zukunft der E-Learning Software, Zeitschrift Personalwirtschaft, Sonderheft 11/2002

[NEUMANN, NACKE, ROSS 2002] Neumann, R.; Nacke, R.; Ross, A.: Corporate E-Learning – Strategien, Märkte, Anwendungen -, Gabler Verlag, Wiesbaden 2002

[PAAR] Paar, S.: Standardisierungsbemühungen im Bereich E-Learning am Beispiel vonIMS LD und IEEE LOM, Technischen Universität München

II

[PANKRATIUS, OBERWEIS, STUCKY 2005] Pankratius, V.; Oberweis, A.; Stucky, W.: Lernobjekte im E-Learning - Eine kritische Beurteilung zugrunde liegender Konzepte anhand eines Vergleichs mit komponentenbasierter Software-Entwicklung. In: 9. Workshop Multimedia in Bildung und Wirtschaft, Technische Universität Ilmenau 2005

[RIEKHOF, SCHÜLE 2002] Riekhof, H-C.; Schüle, H: E-Learning in der Praxis –Strategien, Konzepte, Fallstudien -, Gabler Verlag, Wiesbaden 2002

[SCHULMEISTER 2002] Schulmeister, R.: Grundlagen hypermedialer Lernsysteme. Oldenbourg Wissenschaftsverlag, München 2002

[SEUFERT, MEYR 2002] Seufert, S.; Meyr, P.: Fachlexikon e-le@rning - Wegweiser durch das e-Vokabular, managerSeminare Gerhard May Verlag, Bonn 2002

[STRANGMEIER 2003] Strangmeier, R.: Was kann E-Learning leisten? In: Planen, Lernen, Optimieren – Beiträge zu Logistik und E-LEarning. Festschrift zum 60. Geburtstag von Hermann Gehring. FernUniversität Hagen 2003

[WEICKER 2005] Weicker, Dr. N.: Material zum sechsten Vorlesungstermin „Didaktik der Informatik", Technischer Bericht, Universität Stuttgart 2005

Internetlinks

(zuletzt aufgerufen am 09.10.2007)

[COMVOS 2007]	http://www.comvos.de/
[DIDAKTECH 2007]	http://www.didaktech.de/referenzen.htm
[E-TEACHING 2007]	http://www.e-teaching.org/glossar?azrange=E
[MEYERS 2007]	http://lexikon.meyers.de/meyers/Bildung
[MOODLE 2007]	http://moodle.org/sites/